DATE DUE

LAS ESTACIONES

Linda Aspen-Baxter
and Heather Kissock

www.av2books.com

This AV² media enhanced book gives you a fully bilingual experience between English and Spanish to learn the vocabulary of both languages.

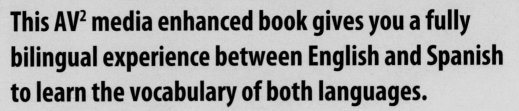

English

Spanish

Go to **www.av2books.com**, and enter this book's unique code.

BOOK CODE

X611350

AV² **by Weigl** brings you media enhanced books that support active learning.

AV² Bilingual Navigation

X CLOSE

HOME

CHANGE LANGUAGE
ENGLISH SPANISH

LANGUAGE TOGGLE

BACK NEXT

PAGE TURNING

PAGE PREVIEW

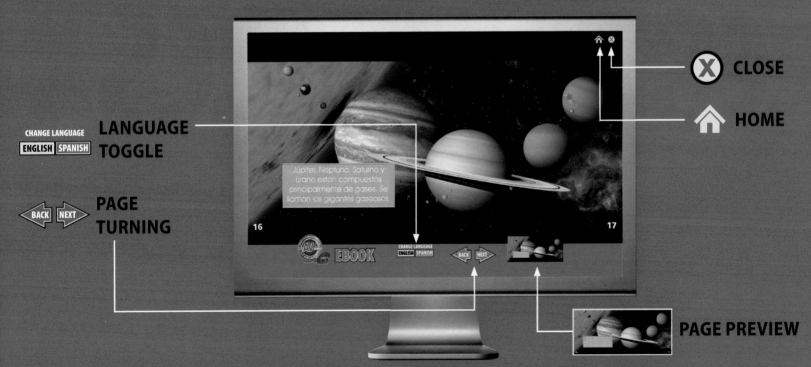

LAS ESTACIONES

CONTENIDO

2 Código del libro AV^2

4 Las cuatro estaciones

6 El invierno

8 A dormir

10 La primavera

12 Despertar

14 El verano

16 La estación de crecimiento

18 Llega el otoño

20 Preparación para el invierno

22 Datos acerca de las estaciones

24 Lista de palabras

El año tiene cuatro estaciones. Estas estaciones son invierno, primavera, verano y otoño. Las estaciones llegan en el mismo orden todos los años.

6

El invierno es frío. En algunos lugares cae nieve.

Algunos animales duermen durante el invierno. Despiertan de nuevo cuando vuelve a estar cálido.

9

El tiempo cálido quiere decir que ha llegado la primavera. La nieve se derrite. Las lluvias vienen y van.

11

En la primavera nacen los animales.
Empiezan a crecer plantas nuevas.

El verano es muy caliente.
El sol brilla en lo alto del cielo
durante la mayor parte del día.

Las plantas crecen más en el verano. Las tormentas eléctricas traen lluvias de verano.

En el otoño se enfría. El viento sopla. Las hojas se caen de los árboles.

19

Los animales se preparan para el invierno. A algunos les crecen pieles blancas. Las aves vuelan a lugares cálidos.

DATOS ACERCA DE LAS ESTACIONES

Esta página proporciona más detalles acerca de los datos interesantes que se encuentran en este libro. Basta con mirar el número de la página correspondiente que coincida con el dato.

Páginas 4–5

El año tiene cuatro estaciones. Estas estaciones son verano, primavera, verano y otoño. Las estaciones llegan en el mismo orden todos los años. Las estaciones cambian a medida que la Tierra orbita el Sol. La Tierra se inclina a medida que se desplaza, de modo que el Polo Norte y el Polo Sur apuntan hacia el Sol en diferentes momentos del año. El polo que apunta hacia el Sol determina la estación para esa parte del mundo.

Páginas 6–7

El invierno es frío. En algunos lugares cae nieve del cielo. Cuando el Polo Norte no está inclinado hacia el Sol, la mitad norte de la Tierra tiene su invierno. Durante este tiempo, recibe poca luz y poco calor del Sol. El tiempo se pone más frío, y los días parecen ser más cortos. Las precipitaciones caen principalmente en la forma de nieve.

Páginas 8–9

Algunos animales duermen durante el invierno. Despiertan cuando se vuelve a calentar. Durante el invierno, muchos animales, incluso el oso negro y el lirón, hibernan. En preparación para dormir, comen bastante alimento durante el verano y otoño. Luego, cuentan con su grasa corporal para alimentarlos durante los fríos meses de invierno.

Páginas 10–11

El tiempo cálido quiere decir que ha llegado la primavera. La nieve se derrite. Las lluvias vienen y van. La primavera empieza cuando el Polo Norte y el Polo Sur están a la misma distancia del Sol. Esto se llama el equinoccio de primavera. Ese día, las horas del día y de la noche son casi iguales. La primavera trae más calor y luz del Sol. Esto hace que la nieve se derrita.

Páginas 12–13

En la primavera nacen los animales. Empiezan a crecer plantas nuevas. En la primavera, la Tierra empieza a despertar de su periodo de descanso invernal. Muchos animales salen de sus hogares invernales. Buscan alimento y pareja. Es durante la primavera que el suelo y el aire se calientan lo suficiente para que las plantas crezcan. Las lluvias de primavera y el calor del Sol ayudan a las semillas a crecer.

Páginas 14–15

El verano es muy caliente. El sol brilla en lo alto del cielo durante la mayor parte del día. Cuando un polo apunta hacia el Sol, esa mitad de la Tierra tiene su verano. Recibe más luz y calor del Sol durante este periodo. El tiempo se calienta, y hay más horas de luz de día.

Páginas 16–17

Las plantas crecen más en el verano. Las tormentas eléctricas traen lluvias de verano. Florecen las cosechas, las flores y otras plantas que brotaron en la primavera. Esto se debe a la prolongación de la luz del sol y a las lluvias que caen durante la estación. Las plantas requieren la luz del sol para crecer. Usan la luz del sol para producir su alimento en un proceso llamado fotosíntesis.

Páginas 18–19

El otoño se vuelve fresco. El viento sopla. Las hojas se caen de los árboles. Al igual que en la primavera, ninguno de los polos apuntan hacia el Sol en el otoño. Los días se hacen más cortos, y el tiempo se enfría. En preparación para el invierno, algunos árboles dejan de enviar agua a sus hojas para que estas mueran y se caigan. Si las hojas permanecieran, acumularían nieve, añadiéndole peso a las ramas. Esto haría que las ramas de los árboles se rompan.

Páginas 20–21

Los animales se preparan para el invierno. El pelaje de algunos se vuelve blanco. Las aves vuelan a lugares cálidos. En las zonas que reciben nieve, muchos animales se preparan para el invierno cambiando su color. Se vuelven blancos para integrarse en su hábitat. Esto los protege contra los depredadores. Cuando el tiempo empieza a enfriarse, muchas aves dejan sus hogares de verano para buscar lugares cálidos donde vivir. Si el invierno se acerca en el norte, éstas vuelan hacia el sur.

Check out av2books.com for your interactive English and Spanish ebook!

 Go to av2books.com

 Enter book code

X611350

③ Fuel your imagination online!

www.av2books.com

Published by AV² by Weigl
350 5th Avenue, 59th Floor New York, NY 10118
Website: www.av2books.com www.weigl.com

Copyright ©2013 AV² by Weigl

Library of Congress Control Number: 2012021228
ISBN: 978-1-61913-217-7 (hardcover)

Printed in the United States of America in North Mankato, Minnesota
1 2 3 4 5 6 7 8 9 0 16 15 14 13 12

062012
WEP100612

Senior Editor: Heather Kissock
Art Director: Terry Paulhus

Weigl acknowledges Getty Images as the primary image supplier for this title.